엽기 과학자
프래니

글·그림 짐 벤튼

짐 벤튼은 미국에서 살고 있는 작가이자 만화가이면서 두 아이의 아버지입니다. 짐 벤튼의 독특하고 익살스런 그림들은 텔레비전이나 장난감, 티셔츠, 축하 카드뿐만 아니라 속옷에도 등장할 만큼 인기가 많답니다. 〈엽기 과학자 프래니〉 시리즈는 짐 벤튼이 어린이들을 위해 펴낸 첫 책으로, 많은 어린이들에게 사랑받고 있습니다. 지금도 짐 벤튼이 일하는 작업실 안에는 어린이들에게 흥미진진하고 재미있는 자료들이 가득하답니다.

옮김 노은정

연세대학교 영어영문학과를 졸업하고 어린이책을 우리말로 옮기는 일을 하고 있습니다. 옮긴 책으로 〈슈퍼 걸스!〉 시리즈, 〈마법의 시간여행〉 시리즈, 〈마녀 위니〉 시리즈, 《우리 할아버지》, 《물을 싫어하는 아주 별난 꼬마 악어》, 《세상에서 가장 행복한 100층 버스》, 《나는 우리 집 왕》 등이 있습니다.

FRANNY K. STEIN, MAD SCIENTIST #8: BAD HAIR DAY by Jim Benton
Original English language edition copyright ⓒ 2019 by Jim Benton
Published by arrangement with Simon&Schuster Books For Young Readers,
An Imprint of Simon&Schuster Children's Publishing Division.
All rights reserved. No part of this book may be reproduced or transmitted in any form or by any means, electronic or mechanical, including photocopying, recording or by any information storage and retrieval system, without permission in writing from the Publisher.

Korean edition ⓒ 2019 by E*PUBLIC KOREA CO.,LTD.
This Korean edition was published by arrangement with Simon&Schuster Books for Young Readers, an imprint of Simon&Schuster Children's Publishing Division, New York, New York through KCC(Korea Copyright Center Inc.), Seoul.

이 책의 한국어판 저작권은 (주)한국저작권센터(KCC)를 통한 저작권자와의 독점 계약으로 (주)이퍼블릭(사파리)에 있습니다. 신 저작권법에 의해 한국 내에서 보호를 받는 저작물이므로 무단 전재와 복제를 금합니다.

엽기 과학자 프래니
머리카락 괴물의 습격

사파리

초판 1쇄 발행일 2019년 7월 25일
개정판 7쇄 발행일 2025년 5월 20일

글·그림 짐 벤튼 | 옮김 노은정
펴낸이 유성권 | 편집장 심윤희 | 편집 유옥진, 한지희, 김유림
표지 디자인 황금박g | 본문 디자인 정수연, 이수빈
마케팅 김선우, 강성, 최성환, 박혜민, 김현지 | 홍보 김애정, 임태호
제작 장재균 | 관리 김성훈, 강동훈
펴낸곳 (주)이퍼블릭 | 출판등록 1970년 7월 28일(제1-170호)
주소 서울시 양천구 목동서로 211 범문빌딩
전화 02-2651-6121 | 팩스 02-2651-6136
홈페이지 safaribook.co.kr | 카페 cafe.naver.com/safaribook
블로그 blog.naver.com/safaribooks | 인스타그램 @safaribook_
페이스북 facebook.com/safaribookskr

ISBN 979-11-6637-861-4
    979-11-6637-780-8(세트)

* 책값은 뒤표지에 있습니다.
* 이 책의 내용 일부 또는 전부를 재사용하려면 반드시 저작권자와 (주)이퍼블릭 양측의 동의를 얻어야 합니다.
* 사파리는 (주)이퍼블릭의 유아·아동·청소년 출판 브랜드입니다.

KC마크는 이 제품이 공통안전기준에 적합하였음을 의미합니다.
제조자명 : ㈜이퍼블릭(사파리) 제조국명 : 대한민국 사용 연령 : 8세 이상
종이에 베이거나 모서리에 다치지 않게 주의하세요.

아주 특별한 생각과 취미를 가진
귀여운 과학 소녀 프래니를 소개합니다.

차례

1. 엽기 과학자 프래니의 집 · · · · · · · · · · · · · · · · · 9

2. 엄마는 괴상한 걸 좋아하셔 · · · · · · · · · · · · · · 13

3. 화장품 발사기 · 30

4. 손톱이 자라는 매니큐어 · · · · · · · · · · · · · · · · 34

5. 장대처럼 높은 구두 · 38

6. 꼼틀꼼틀 꽁지 머리 · 43

7. 이건 엄마도 좋아하실 거야 · · · · · · · · · · · · · 51

8. 욕심 많은 머리카락 · 57

9. 어쩌다 이 꼴이 된 걸까 · · · · · · · · · · · · · · · · · 60

10. 머리카락 조랑말 · 70

11. 이고르는 최고의 조수야 · · · · · · · · · · · · · · · 79

12. 누가 감히 내 털을 잡아당겨? · · · · · · · · · · 83

13. 머리카락 돼지 땋기 · · · · · · · · · · · · · · · · · · 88

14. 지금 그대로도 멋져 · · · · · · · · · · · · · · · · · · 97

추천의 말 · 106
옮긴이의 말 · 108

엽기 과학자 프래니의 집

프래니네 식구들은 수선화 길 끝에 자리한 집에서 살았어요. 창문마다 귀여운 자줏빛 덧문들이 달린 예쁜 분홍색 집이죠. 집 안은 구석구석 밝고 산뜻했어요. 하지만 그곳에서 상상도 못할 일들이 벌어지곤 했답니다.

그러한 일들은 언제나 조그맣고 둥근 창이 나 있는 위층 침실에서 시작되었어요. 거긴 바로 엽기 과학자 프래니의 방이자 연구실이었거든요.

　지난주에 프래니는 박쥐가 날갯짓하는 원리를 본떠 비행 기계를 만들었어요. 그리고 다음 날에는 말만큼이나 커다란 해마를 만들었죠.

여러 발명품을 만드려면 돈이 꽤 많이 들었어요. 그래서 프래니는 돼지 저금통을 만들어 용돈을 모으기로 결심했죠.

물론 엽기 과학자답게 저금통을 살아 있는 진짜 돼지처럼 만들었어요. 그러다 보니 자연스럽게 돼지에 대해 많은 것을 알게 되었답니다. 연구실이 돼지 저금통 때문에 지저분해졌지만 프래니는 상관없었어요. 엽기 과학자에겐 무척 흔한 일이거든요.

엄마는 괴상한 걸 좋아하셔

프래니가 만든 발명품이 항상 지저분한 건 아니었어요. 하지만 깔끔하고 예쁘지도 않았죠.

지난번 프래니의 발명품인 '케첩을 만드는 햄버거'는 한 입 베어 물 때마다 케첩이 집 안 사방으로 튀어 엉망이 되었어요. 또 동그란 도넛 개는 모두들 예쁘다고 하기는커녕 하나같이 '충격적'이라고 말했죠.

단 한 사람, 엄마만 빼고 말이에요. 엄마는 프래니가 새로 발명한 사마귀 스프레이를 마구 뿌려 온몸이 우둘투둘한 사마귀로 뒤덮이자 차라리 도넛 개가 더 낫다고 했거든요.

"엄마, 그래도 이것만 있으면 핼러윈 분장을 쉽고 빠르게 할 수 있어요."

프래니가 설명했어요.

엄마도 그 말엔 동의했어요. 하지만 프래니가 온몸에 사마귀를 뒤덮은 채 돌아다니자 더는 두고 볼 수 없었죠. 그래서 프래니에게 조심스럽게 얘기했답니다.

"프래니, 사람들이 왜 이고르를 안 쓰다듬을까?"

엄마가 프래니의 얼굴을 닦아 주며 물었어요.

이고르는 프래니의 연구실 조수예요. 푸들, 치와와, 비글, 스패니얼, 셰퍼드 품종이 뒤섞인 데다가 개와 비슷한 다른 동물의 피도 조금 섞인 녀석이죠.

"바로 이고르의 생김새 때문이란다."

엄마가 말했어요.

"이고르가 어때서요?"

엄마는 잠시 머뭇거리다 대답했죠.

"음…, 이고르가 예쁜 개 선발 대회에서 상을 받을 정도는 아니잖니? 이고르가 지금보다 더 예뻐지면 누구나 좋아할 거야."

이고르는 엄마의 말을 듣더니 최대한 매력적으로 보이는 포즈를 잡았어요.

프래니는 이고르가 못생겼다고 생각한 적이 단 한 번도 없었어요.

"엄마, 이고르는 그런 대회에 나가지 않아도 돼요. 이미 충분히 예쁜걸요! 이 귀여운 눈 좀 보세요!"

프래니가 이고르를 안아서 엄마에게 들어 올리며 말했어요. 이고르는 엄마를 보며 귀엽게 눈을 깜빡였죠.

"프래니, 알았으니까 그만 내려놓으렴. 엄마는 네가 옷차림과 머리 모양을 조금 더 신경 썼으면 해서 그렇게 말한 거야. 예쁘게 꾸미면 너도 좋잖니?"

엄마가 프래니에게 멋진 코트를 입혀 거울 앞으로 데려갔어요. 그리고 프래니의 머리를 단정하게 빗겨 준 다음 헤어스프레이 통을 집어 들었죠.

"프래니, 헤어스프레이가 뭔지 아니?"

엄마가 헤어스프레이 통을 흔들며 물었어요.

"머리 모양을 고정시킬 때 쓰는 거잖아요. 저도 그쯤은 알아요. 하지만 엄마, 전…"

"그럼 헤어드라이어도 알아? 헤어드라이어를 언제 쓰는지 알고 있냐고."
프래니는 엄마의 질문에 시큰둥하게 대꾸했어요.
"네, 젖은 머리카락을 말릴 때 쓰죠…."
"오, 그래! 그런데 그게 전부가 아니란다."

"엄마, 알겠어요. 그런데 전 꾸미는 덴 관심 없어요. 그러니까 별로 알고 싶지 않다고요."
프래니가 코트를 벗으며 말했어요.

엄마가 미소 지으며 프래니를 꼭 안아 주었어요.
"그래, 엄마는 지금 네 모습도 좋아. 그러니까 하고 싶은 대로 하렴. 마음이 바뀌면 언제든지 말하고."
엄마는 그렇게 말하며 프래니의 연구실을 나갔어요.
"참! 사마귀 스프레이는 두 번 다시 뿌리면 안 된다!"
엄마가 방 밖에서 큰 소리로 외쳤어요.

프래니는 가만히 거울을 들여다보며 중얼거렸어요.
"엄마는 왜 나를 바꾸고 싶어 하실까? 이 특수 실험복은 위험한 화학 물질에 다치지 않도록 나를 지켜 주고, 머리카락을 질끈 묶어야 안전하게 실험할 수 있는데…. 내가 손톱에 매니큐어를 칠했다간 연구실 괴물들이 알사탕인 줄 알고 계속 깨물 거라고."

"그래서 난 화장을 하고, 머리 모양을 바꾸고, 예쁜 옷을 입을 필요가 없어. 그런데 엄마는 왜 그런 걸 좋아하시는지 도무지 모르겠다니까."
그때 창밖에 천둥과 번개가 내리쳤어요.
"잠깐! 내가 방금 뭐라고 했지?"
프래니가 이고르를 돌아보며 물었죠.

"나는 번개의 원리, 다이너마이트, 타란툴라, 화학식까지 모르는 게 없어."

그러자 이고르가 얼마 전에 고친 곰 인형을 번쩍 들어 올렸어요.

"맞아. 곰 인형에게 뇌 이식도 할 수 있지!"

곰 인형이 프래니의 말을 듣고는 씩 웃었어요.

"우리가 잘 모르는 것에 대해 연구하는 게 바로 과학이

잖아! 모르는 게 있으면 공부하고 배워야 해. 좋아…,

엄마가 좋아하시는 괴상한 것들을 연구해 봐야겠어!"

프래니가 이고르를 돌아보며 덧붙였어요.

"이고르, 내 말 무슨 뜻인지 알겠지? 모른다고 무조건 싫어하면 안 돼. 내가 과학자가 된 건 바로 잘 모르는 것에 호기심을 가졌기 때문이거든. 그리고 우리는 원래 이상한 걸 굉장히 좋아하잖아?"

이고르는 억지로 웃음을 띠며 고개를 끄덕였어요. 사실 이고르는 이상한 걸 별로 좋아하지 않았거든요.

"내일이면 엄마에 대한 모든 것을 알게 될 거야!"
프래니가 뼁뼁 큰소리쳤어요.

화장품 발사기

"**화**장은 생각보다 까다로워. 이고르, 너도 알다시 피 엄마는 매일 화장을 하셔. 예쁘게 적당히 말이야. 만약 화장을 너무 진하게 하면 이렇게 이상할 거

야. 하지만 어릿광대는 예외지. 화장을 너무 연하게 하면 관객들을 웃기기 어렵거든. 그래서 어릿광대들이 화장을 짙게 하는 거야."

프래니는 무기처럼 생긴 묵직한 기계를 어깨에 메며 외쳤어요.

"그래서 내가 이 **화장품 발사기**를 발명했어! 이거 한 방이면 딱 알맞게 화장이 되거든."

그러고는 방아쇠를 당겨 이고르를 향해 **화장품 발사기**를 쏘았죠.

이고르는 깜짝 놀라 얼른 허리를 숙여 피했어요. 그 바람에 딱 알맞은 화장이 벽을 곱게 꾸몄죠.

프래니가 키득키득 웃으며 말했어요.

"이고르, 왜 그래? 날 못 믿는 거야?"

손톱이 자라는 매니큐어

"엄마는 매니큐어를 바르는 것도 좋아하셔."
프래니가 새로 발명한 약품을 손톱에 바르며 말했어요.
"곰곰이 생각해 봤는데 손톱이 못처럼 뾰족하면 쓸모가 많겠더라고. 자, 내 손톱이 어떻게 변하는지 잘 봐."
프래니는 이고르를 보며 손가락을 꼼지락댔어요.

잠시 뒤, 프래니의 손톱이 기다랗고 뾰족하게 자랐어요. 프래니는 칼싸움을 하듯이 허공에 손톱을 휘둘렀죠.

"이제야 좀 특별해 보이네."

프래니는 아주 만족해하며 기다랗고 뾰족하고 단단해진 손톱으로 나무판자 두 장을 콱 뚫었어요.

"어때, 엄마가 엄청 좋아하시겠지?"

하지만 이고르는 엄마가 뾰족한 손톱을 좋아하실 것 같지 않았어요. 하지만 자기의 발톱이 길어지면 이웃집 못된 고양이를 혼내 줄 수 있어서 좋을 것 같았죠.

프래니는 뾰족해진 긴 손톱을 똑똑 부러뜨리고는 손톱이 박혀 있는 나무판자를 살펴보았어요.
"손톱이 엄청 빨리 자라는군…"
이고르도 기다란 손톱들을 바라보았죠. 그런데 손톱들이 꿈틀꿈틀 살아 움직이는 것처럼 보였어요.
그때 프래니가 외쳤어요.
"그래, 좋은 생각이 떠올랐어!"

장대처럼 높은 구두

"이번엔 뒷굽이 10센티미터나 되는 엄마 구두로 엄마가 좋아하실 만한 걸 만들 거야."

프래니는 조심스럽게 엄마 구두를 신었어요.

"이 구두약은 아까 그 매니큐어 화학식을 살짝 바꿔서 만든 거야. 자, 어디 한번 발라 볼까…."

프래니는 엄마 구두에 구두약을 쓱쓱 발랐어요.

그러자 눈 깜짝할 새에 뒷굽이 150센티미터가 넘는 장대처럼 쭉쭉 늘어났어요.
프래니가 방 안을 휘청휘청 걸어 다니며 물었죠.
"이고르, 어때? 제법 괜찮지?"

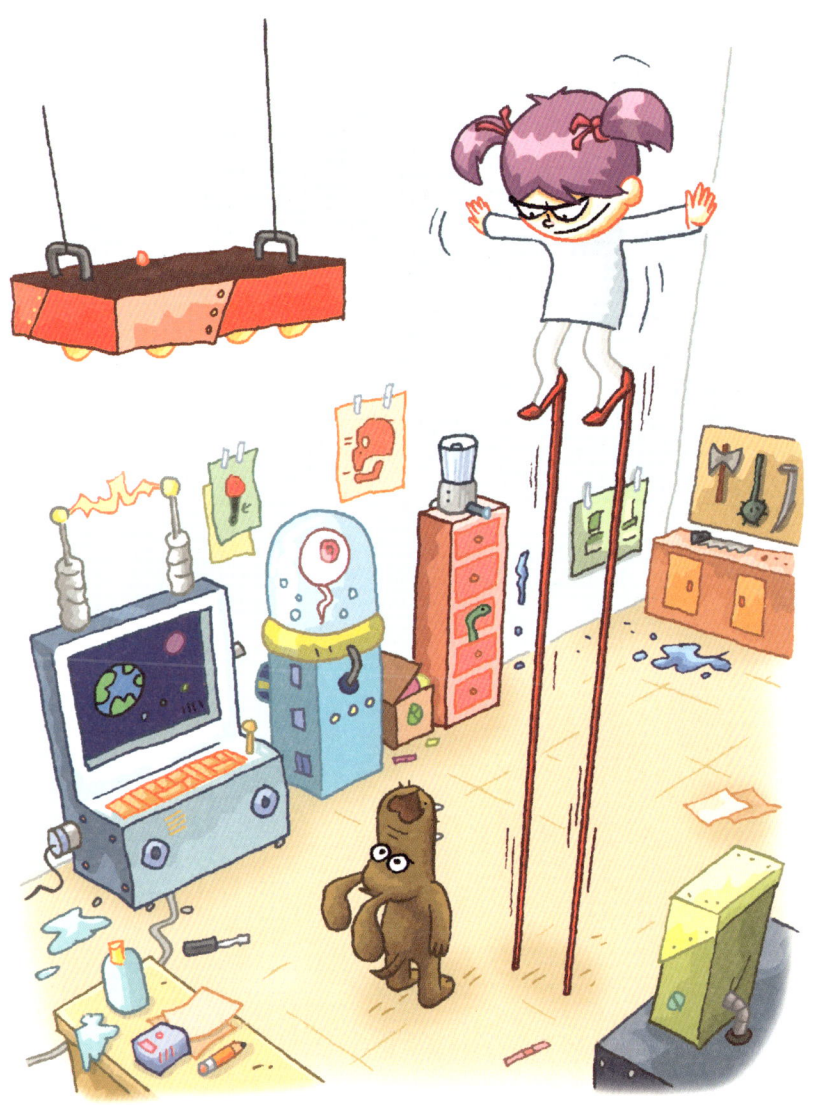

하지만 이고르는 대답할 겨를이 없었어요. 프래니의 뒷굽에 밟히지 않으려고 이리저리 도망치기 바빴거든요.

프래니가 거울에 비친 자기 모습을 보더니 한쪽 꽁지머리를 잡아당기며 말했어요.

"이고르, 이 약을 잘만 쓰면 더 많은 일을 할 수 있겠는데? 뭐든 쑥쑥 자라게 할 수 있을 것 같아."

프래니가 구두에서 폴짝 뛰어내렸어요. 이고르는 프래니가 벗어 놓은 구두 한 짝을 들고 살펴봤지만, 손톱과 달리 구두 뒷굽은 꿈틀대지 않았어요.

이고르는 구두를 한쪽에 놓아두고, 다음 연구를 시작한 프래니에게 뛰어갔답니다.

꼼틀꼼틀 꽁지 머리

"**화**학식을 고쳐서 새로 만들어 봤어."

프래니가 이고르에게 작은 병을 건네며 말했어요.

병 속에서 작은 거품이 보글보글 일고, 입구로 하얀 증기도 모락모락 피어올랐죠.

"이고르, 양쪽 꽁지 머리에 각각 세 방울씩만 뿌려 줘. 더 뿌리면 절대 안 돼!"

이고르는 고개를 끄덕이고는 프래니의 양쪽 꽁지 머리에 새 약품을 톡톡톡 세 방울씩 떨어뜨렸어요.

"좀 따끔따끔한걸."

프래니가 흥미로운 표정으로 말했어요.

이윽고 프래니의 머리카락이 꼼틀거리더니 끼익끼익 괴상한 소리를 내면서 쑥쑥 자라기 시작했어요.

머리카락은 계속해서 쑥쑥 자라고 또 자랐죠.

머리카락은 바닥에 똬리를 틀 정도로 길게 자랐어요.
"됐어, 성공이야!"
프래니가 머리를 흔들자 기다란 머리카락이 실험실 비커를 쓰러뜨리고, 탁자 다리에 휘감겼어요. 프래니는 휘감긴 머리카락을 풀어내려다 그만 괴물들이 들어 있는 우리를 툭 치고 말았죠. 결국 우리 문이 벌컥 열리는 바람에 괴물들이 모두 뛰쳐나왔답니다.

"이게 뭐야! 걸리적거려서 아무것도 할 수가 없잖아. 머리카락을 잘라야겠어. 이고르, 가위 좀 갖다줘!"

그런데 이고르가 가위를 막 집으려는 찰나, 프래니의 머리카락이 스르르 다가와 가위를 냉큼 낚아챘어요.

그러고는 프래니에게 가위를 건네주었죠.

"우아! 이고르, 봤어? 이 머리카락들, 조수로 꽤 쓸 만하겠는데! 자르지 말고 조금 더 두고 봐야겠어."

이고르는 프래니의 말을 듣고 얼굴을 찌푸렸어요. 프래니의 조수는 자기 하나로 충분하다고 생각했거든요.

"새로 만든 약품을 딱 두 방울만 더 뿌려 볼까?"

이건 엄마도 좋아하실 거야

프래니는 곱슬곱슬 길게 자란 머리카락을 다리 삼아 연구실을 걸어 다녔어요.

그리고 긴 머리카락으로 손이 닿지 않는 높은 선반 위의 기계를 내리고, 바다 괴물의 어항 밑으로 굴러 들어간 비커도 꺼냈답니다.

"이고르, 정말 굉장하지? 어디든 다 닿아!"

프래니가 만족스럽게 씩 웃었어요.

이고르가 뒷굽이 장대처럼 높은 구두를 가리켰죠.
"그래, 저것도 훌륭한 발명품이지. 하지만 구두는 머리카락처럼 스스로 움직이지 못하잖아."
프래니의 말에 이고르가 얼굴을 찌푸렸어요.
"이고르, 네가 무슨 생각하는지 알아. 엄마가 좋아하시는 것들에 대한 연구랑 살아 움직이는 머리카락이랑 무슨 상관이 있냐는 거지? 하지만 잘 봐…."

프래니가 손가락을 튕겨 딱 소리를 내자, 프래니의 머리카락이 또르르 말려 올라가더니 완전히 다른 모양이 되었어요. 프래니가 다시 손가락을 튕기자 머리카락은 또 다른 모양으로 바뀌었죠. 신기하게도 프래니가 손가락을 튕길 때마다 머리 모양이 계속 바뀌었어요.

"자, 어때? 이 약품을 머리에 뿌리면 헤어드라이어로 말리고, 빗질하고, 헤어스프레이로 고정할 필요가 없다니까! 게다가 속도도 엄청 빨라. 이건 엄마도 분명 좋아하실 거야."

프래니는 우쭐대며 머리카락을 쓰다듬었어요.

욕심 많은 머리카락

그날 밤, 이고르는 자꾸만 부스럭거리는 소리에 잠이 깼어요.

처음에는 프래니가 키우는 괴물들이 꿈지럭거리는 소리인 줄 알고 대수롭지 않게 여겼죠.

그러다 슬며시 눈을 떴는데, 눈앞에서 프래니의 머리카락이 하늘거리지 뭐예요. 머리카락은 프래니가 낮에 만들어 선반에 올려 둔 약품병까지 쭉 뻗어 있었어요.

이고르는 머리카락이 병뚜껑을 열려고 하자 깜짝 놀라서 달려들었어요. 그리고 둘은 약품병을 서로 차지하려고 몸싸움을 벌였답니다.

프래니가 우당탕하는 소리에 잠에서 깨어나 곧장 달려왔어요.

"너희 머리카락들! 더 길어지려고 약품을 훔치려 했던 거야? 정말 실망이야. 하지만 별로 놀랍지는 않아. 왜냐하면 내 머리카락은 돼지털처럼 뻣뻣하잖아. 돼지는 욕심꾸러기니까 내 머리카락도 당연히 돼지같이 욕심이 많겠지."

프래니가 고개를 절레절레 저으며 말하고는 이고르를 쓰다듬으며 칭찬했죠.

"이고르, 잘했어. 애들은 내일 아침에 처리하자."

프래니는 눈을 비비며 다시 침대로 돌아갔어요.

어쩌다 이 꼴이 된 걸까

다음 날 아침에 프래니는 세수를 하러 어기적어기적 욕실로 갔어요. 그런데 거울에 비친 모습이 어딘가 좀 이상했죠.

"으악, 내 꽁지 머리!"

프래니가 욕실에서 뛰쳐나오며 꽥 소리를 질렀어요.

"이고르, 혹시 머리카락들 못 봤니?"

하지만 이고르는 아무 대답도 하지 않았죠.

이고르는 침대에 없었어요. 욕조에서 놀고 있지도 않았죠. 프래니의 컴퓨터로 웹툰을 보고 있지도 않았고요. 이고르는 프래니의 자주색 머리카락에 꽁꽁 묶여 있었답니다.

"머리카락들이 스스로 가위질을 해서 잘랐구나!"
프래니는 얼른 전날 만든 약품을 살펴보았어요.
"양이 줄어들었어! 머리카락들의 짓이 분명해!"

프래니가 망원경으로 창밖을 바라보았죠.

"저기 있다! 벌써 시내까지 갔네. 머리카락들이 너무 빨라서 내 걸음으로는 도저히 따라잡을 수 없겠어."

프래니는 헐레벌떡 아래층으로 내려갔어요. 엄마가 거실에서 뉴스를 보다가 프래니에게 말했죠.

"프래니, 시내가 난리 났다는구나. 정체를 알 수 없는 괴물 두 마리가 미용실을 돌아다니며 말썽을 부리나 봐. 커다란 돼지처럼 생겼는데, 눈에 보이는 건 닥치는 대로 먹어 치운대."

엄마가 프래니를 가만히 바라보며 물었어요.
"프래니, 너 혹시 저 괴물에 대해 아는 거 있니?"

"하하…, 글쎄요. 뭐, 아예 모른다고 할 순 없어요. 제가 원래 난동을 피우는 괴물들하고 좀 친하잖아요." 프래니가 대답했어요.

"저 괴물들은 몸집을 키우고 싶은 욕심이 엄청나요. 하지만 머리카락이 변신한 돼지라 아무거나 먹지는 않을 테니 걱정 마세요. 미용실마다 돌아다니며 자른 머리카락을 다 먹으면 동물들의 털을 먹어 치우고, 그다음에는 사람들의 머리카락을 먹으려고 덤비겠지만요. 아! 어쩌면 할아버지들 얼굴에 난 수염을 탐낼 수도 있겠네요."
프래니는 그렇게 말하고는 킥킥 웃었어요.
"아무튼 닥치는 대로 다 먹지는 않을 거예요."

"그래도 걱정이구나. 프래니, 너는 절대 끼어들지 마렴. 저 괴물을 만든 사람이 곧 해결하겠지."
엄마는 프래니가 괴물들과 상관없기를 바랐죠.
"엄마, 실은 제가 저 **머리카락 돼지**들을 만들었어요. 그러니까 제가 녀석들을 막아야 해요."
프래니는 그렇게 말한 뒤 곧장 서랍을 뒤졌어요.
"찾았다! 이 고무줄 하나면 돼요!"

"그 작은 고무줄로 괴물들을 물리치겠다는 거니?"
엄마가 깜짝 놀라 소리쳤어요.
"엄마, 죄송해요. 설명할 시간이 없어요."
프래니는 뒷머리를 싹싹 끌어모아서 말총머리 모양으로 고무줄을 칭칭 감아 묶었어요.

머리카락 조랑말

프래니는 말총머리에 머리카락이 자라는 약품을 두 방울 톡톡 떨어뜨렸어요. 그런 다음 가위를 집어 들었죠.

프래니 머리카락은 이내 쑥쑥 자라 조랑말처럼 커졌어요. 엄마는 깜짝 놀라서 아무 말도 못 하고 그저 바라만 보았죠. 프래니는 한껏 자란 머리카락을 싹둑 잘랐어요. 그리고 엄마 가방을 들고 머리카락 조랑말의 등에 훌쩍 올라타고는 밖으로 달려 나갔어요.

이고르도 프래니를 따라가려 했어요. 하지만 프래니가 이고르를 말렸죠.

"이고르, 너는 털이 북슬북슬해서 **머리카락 돼지**들이 가만두지 않을 거야. 그러니까 집에 있어."

프래니는 머리카락 조랑말을 타고 힘차게 달려 순식간에 사라졌어요.

머리카락 돼지들과 점점 가까워질수록 거리엔 끔찍한 풍경이 펼쳐졌어요.

인형은 머리카락이 몽땅 뽑혀 있었고, 복숭아는 솜털이 죄다 벗겨져 있었죠. 털벌레도 민숭민숭했고요.

"이 돼지 같은 녀석들이 얼마나 더 먹으려는 거야!"

프래니가 성난 목소리로 소리쳤죠.

프래니는 드디어 미용실에서 우물우물 머리카락을 먹고 있는 **머리카락 돼지**들을 발견했어요.

"이 괘씸한 녀석들, 꼼짝 마!"

머리카락 돼지들은 프래니의 외침에 흠칫 놀라 고개를 들었어요. 하지만 머리카락 조랑말을 보더니 군침을 흘리며 달려들었죠.

프래니는 **머리카락 돼지**들을 향해 엄마의 무선 헤어드라이어를 겨누고 뜨거운 바람을 쏘았어요.

"자, 어때? 이러면 너희들도 부드러워지겠지!"

하지만 그건 프래니의 착각이었어요.

프래니의 머리카락이 변신한 돼지들은 뜨거운 바람을 맞자 몸집이 더 커지고 힘도 더 세졌지요. 드라이를 하면 머리카락이 더 풍성해지고 탱글탱글해지는 것처럼 말이에요.

"아, 헤어드라이어 바람을 쐬면 이렇게 되는 줄 몰랐네. 엄마 말씀을 더 귀담아들을걸."

프래니는 후회했어요.

그때 이고르는 집에서 텔레비전으로 그 광경을 보다가 깜짝 놀랐어요.

이고르는 계단을 후다닥 뛰어 올라가 프래니의 연구실에서 뭔가를 챙긴 뒤 밖으로 달려 나갔죠.

프래니는 구석으로 몰린 채 털이 부숭부숭해지고 엄청 커진 **머리카락 돼지**들을 노려보았어요.
"조랑말아, 내 뒤로 숨어."
프래니가 머리카락 조랑말을 감싸며 말했어요.

다음 순간, **머리카락 돼지** 한 마리가 프래니에게 달려들었어요. 그러자 머리카락 조랑말이 프래니를 지키기 위해 앞으로 폴짝 뛰어나왔죠. 하지만 그만 **머리카락 돼지**에게 잡아먹히고 말았답니다.

"안 돼! 착한 머리카락 조랑말을 잡아먹다니…."

그러자 다른 **머리카락 돼지**도 몸을 한껏 부풀린 채 프래니를 집어삼키려 했어요.

"어디 하고 싶은 대로 해 봐! 덤벼 보라고! 하지만 순순히 당할 내가 아니지!"

프래니가 주먹을 휘두르며 소리쳤죠.

그때 **머리카락 돼지** 뒤에서 이고르가 불쑥 나타났어요.

"어, 이고르잖아? 그런데 이고르가 저렇게 컸었나?"

프래니가 두 눈을 비비며 말했어요.

이고르는 최고의 조수야

이고르는 프래니가 만든 뒷굽이 장대처럼 높은 구두를 신고 있었어요. 가위를 든 채 휘청휘청 어설프게 걸으며 **머리카락 돼지**들에게 다가갔죠.

'어, 구두 뒷굽이 어제보다 훨씬 높잖아! 이고르가 구두약을 더 발랐나 본데? 뒷굽이 9미터가 넘는 구두를

신고 **머리카락 돼지**들에게 몰래 다가갈 생각을 하다니 정말 놀라운걸? 역시 내 조수야!'

그런데 그때 **머리카락 돼지** 한 마리가 갑자기 홱 뒤돌아서더니 이고르를 한입에 꿀꺽 삼켰어요. 이고르가 있던 자리에는 높은 구두만 덩그러니 남겨져 있었죠.

"어, 이고르! 안 돼애애애애애!"

프래니가 소리쳤어요.

프래니는 **머리카락 돼지**들이 다른 데 정신이 팔린 사이, 재빨리 쓰레기통 뒤로 몸을 숨겼어요.

"이고르는 날 구하러 온 거였어. 나를 위해 물불을 가리지 않고 덤비다니…, 정말 최고의 조수야!"

프래니는 울먹이며 괴물들을 노려봤죠.

머리카락 돼지들은 코를 벌름거리면서 반대편 길로 어기적어기적 걸어가기 시작했어요.

"아직도 배가 차지 않은 거야? 더는 안 되겠어. 무슨 수를 써서라도 저 **머리카락 돼지**들을 막아야 해! 이제 저 녀석들이 어디로 갈지는 뻔하지…."

프래니가 중얼거렸어요.

"동물원!"

누가 감히 내 털을 잡아당겨?

프래니는 **머리카락 돼지**들을 뒤쫓아 갔어요.

"그런데 저 괴물들을 어떻게 막지? 프래니, 생각! 생각! 생각을 하자!"

머리카락 돼지들은 프래니의 예상대로 동물원에 들어갔어요. 하지만 악어와 거북은 쳐다보지도 않았죠.

"역시 털이 없는 동물들은 그냥 지나쳤어."

머리카락 돼지들이 한 표지판 앞에서 걸음을 멈췄어요. 그러고는 입맛을 쩝쩝 다시더니 다시 어기적어기적 걸어갔죠.

프래니가 표지판을 힐끔 바라보며 중얼거렸어요.

"오랑우탄을 노리고 있구나!"

프래니는 허겁지겁 괴물들을 뒤쫓아 가 있는 힘껏 털을 붙잡고 늘어졌죠.

"꿰에엑! 누가 감히 내 털을 잡아당겨?"

머리카락 돼지들은 엄청난 힘으로 프래니를 밀쳤어요. 프래니는 나동그라진 채 끙끙거리며 말했죠.

"어쩌지, 내가 말도 안 되는 일을 저질렀으니…!"

그때 가위질 소리가 들려왔어요.

싹둑싹둑.

싹둑싹둑.

프래니는 엉거주춤 일어났어요. 그런데 한 **머리카락 돼지**의 등에서 가위를 든 자그마한 갈색 앞발이 쑥 나오지 뭐예요.

바로 이고르였어요!

이고르가 **머리카락 돼지**의 등을 가르고 나온 거예요.

이고르는 맨살이 훌딱 드러난 채 가위를 들고 아주 당당하게 서 있었어요. 두 번 다시 잡아먹히지 않으려고 괴물의 배 속에 있는 동안 자기 털을 모두 깎아 버렸던 거죠.

그때 **머리카락 돼지** 한 마리가 뒤를 돌아보았어요.

"웩!"

머리카락 돼지는 이고르를 보더니 구역질을 하며 오랑우탄 우리 쪽으로 가 버렸죠.

프래니는 달려가 이고르를 끌어안았어요.

"이고르, 괜찮아? 털이 없어도 넌 무척 멋져!"

이고르가 프래니에게 가위를 주며 점점 멀어지는 **머리카락 돼지**들을 가리켰어요.

"이 작은 가위로는 어쩌지 못해. 그래도 어떻게든 해 봐야지. **머리카락 돼지**들은 오랑우탄을 잡아먹은 뒤 버펄로와 곰도 먹으려 할 거야."

프래니의 말에 이고르가 연구실에서 챙겨 온 가방을 건넸어요. 프래니는 가방 안을 살펴보다 소리쳤죠.

"좋은 생각이 났어!"

머리카락 돼지 땋기

머리카락 **돼**지들은 울타리를 넘어 오랑우탄 우리 안으로 들어갔어요. 오랑우탄들이 겁을 먹고 벌벌 떨며 꽥꽥 소리를 질러 댔죠.

　머리카락 돼지 하나가 커다란 앞발을 쭉 뻗더니 가장 먼저 아기 오랑우탄을 붙잡아 입으로 가져갔어요.

"이고르, 약이 얼마 없으니까 잘해야 해."

프래니는 가방에서 **머리카락 돼지**들이 뿌리고 남은 약품을 꺼냈어요. 그리고 솔에 묻혀 이고르의 속눈썹에 살살 발라 주었죠.

그러자 이고르의 속눈썹이 금세 쑥쑥 자랐어요.
"짜잔! 팔랑팔랑한 개 속눈썹 완성!"
프래니가 만족스럽게 웃었어요.

이고르가 눈을 깜박거릴 때마다 기다란 속눈썹이 새 날개처럼 펄럭거렸어요. 프래니는 이고르의 등에 올라타고는 곧장 하늘로 날아올랐죠.

"어서 **머리카락 돼지**들에게 가자!"

프래니가 씩씩하게 소리쳤어요.

프래니와 이고르는 잽싸게 날아가 **머리카락 돼지**에게 먹힐 뻔한 아기 오랑우탄을 구해 냈어요.

"어서 항복해. 안 그러면 꼼짝 못 하게 만들 거야!"

프래니가 으름장을 놓았어요.

머리카락 돼지들은 씩씩대며 이리저리 날아다니는 프래니를 잡으려 했죠.

이고르는 괴물들 사이를 요리조리 어지럽게 날아다 녔어요. **머리카락 돼지**들은 둘을 붙잡으려고 날뛰다 서로의 몸이 배배 꼬이고 말았죠.

머리카락 **돼지**들은 잘 땋은 머리처럼 서로 꽁꽁 얽히다 결국 땅바닥에 쿵 하고 쓰러지고 말았어요.

이고르는 바닥에 쓰러진 **머리카락 돼지**들 가까이로 다가갔어요.

프래니는 헤어스프레이를 꺼내 흔든 다음 **머리카락 돼지**들에게 치익 뿌렸죠. 그러자 괴물들은 빳빳하게 굳어 더는 꼼짝할 수 없었답니다.

이고르는 **머리카락 돼지**들 옆에 착지했어요. 프래니는 약품이 담긴 병에 손가락을 집어넣었죠.

"조금이라도 남아 있어야 할 텐데…."

프래니가 약병에서 손가락을 꺼내자 곧바로 손톱이 뾰족하게 자라났어요.

"**머리카락 돼지**들아, 아프지 않을 테니 걱정 마."

프래니는 뾰족한 손톱으로 **머리카락 돼지**들의 옆구리를 조심스럽게 갈랐어요. 이윽고 머리카락 조랑말이 몸을 비틀며 밖으로 빠져나왔죠.

"이제 그만 집에 가자. 연구실에서 할 일이 있거든."

지금 그대로도 멋져

엄마가 프래니의 연구실로 들어왔어요.
"프래니, 괴물들을 아주 멋지게 처리했더구나. 잘했어. 물론 그런 괴물을 만들지 않았다면 더 좋았겠지만 말이야!"
프래니가 엄마 말에 멋쩍게 웃으며 대답했죠.
"엄마 말씀이 맞아요. 그런데 누구나 실수는 하잖아요."
프래니는 어쩔 수 없었다는 듯이 어깨를 으쓱했어요.
"프래니, 누구나 이런 실수를 저지르지는 않는단다."

프래니는 엄마에게 꽁지 머리가 든 유리병을 보여 주었어요.

"보세요. 괴물로 변했던 제 꽁지 머리를 깨끗이 빨아서 착하게 만들어 놓았어요. 다시는 나쁜 짓 안 할 거예요. 이제 제 머리에 도로 붙이려고요."

프래니는 꽁지 머리를 제자리에 붙인 다음 고개를 쌀래쌀래 흔들어 떨어지지 않는지 확인했어요.

"그런데 머리카락 조랑말은 어떻게 했니?"
엄마가 물었어요.
"아기 오랑우탄이랑 놀고 싶어 해서 동물원으로 보냈어요."
엄마가 미소 지으며 고개를 끄덕였어요.
"아, 엄마한테 드릴 깜짝 선물이 있어요!"
프래니는 그렇게 말한 뒤 벽장으로 달려갔죠.

그러더니 자주색 털외투를 가져왔답니다.

"머리카락 **돼지**들의 털을 잘라서 엄마 외투를 만들었어요. 손가락을 튕기면 원하는 모양으로 곧장 바뀔 거예요."

"이 옷이 누구를 잡아먹진 않겠지?"

"당연하죠. 머리카락 돼지들은 돼지같이 욕심이 많아서 그랬던 거예요. 하지만 제가 그 욕심을 몽땅 없앴어요. 이제 이 외투는 주인을 행복하게 해 주는 것 말고는 아무것도 바라지 않을 거예요."

엄마는 머리카락으로 만든 외투를 입어 보았어요.
"정말 예쁘구나! 그런데 욕심은 어떻게 없앴니?"
"이고르의 털을 살짝 섞었어요. 온 세상을 통틀어 이고르만큼 남을 먼저 생각하는 친구도 없으니까요! 그랬더니 머리카락에서 욕심이 싹 사라지더라고요."

엄마는 조금 부끄러운 듯 고개를 숙였어요.
"프래니, 네 말이 맞아. 이고르는 지금 그대로도 멋져. 이 세상 그 어떤 개보다도 훌륭하단다."

엄마가 주변을 두리번거리다 물었어요.

"그런데 이고르는 어디 갔니?"

"엄마가 써 보라고 하셨던 샴푸를 사 오라고 슈퍼에 보냈어요."

"혼자서 말이니? 그치만 이고르는 옆집 고양이를 무서워하잖아. 어떻게 다녀오려고…."

"엄마, 이제 그 걱정은 안 하셔도 돼요."
프래니가 눈을 찡긋하며 활짝 웃었답니다.

추천의 말

세상의 모든 아이들이 프래니가 되길 꿈꾸며…

　짐 벤튼의 이야기와 만화는 세련되고 유머스러우며 독자들을 즐겁게 하는 재치가 묻어 있다. 그는 〈엽기 과학자 프래니〉 시리즈를 통해 그의 만화와 이야기가 어린이들에게도 매력적일 수 있다는 사실을 유감없이 보여 주었다.
　이 책의 주인공 프래니는 볼수록 매력적인 소녀다. 인형이나 꽃 대신 박쥐와 거미를 좋아하고, 과학에 반쯤 미쳐 있으며, 머리가 둘 달린 로봇과도 용감하게 싸우는 프래니를 보고 있으면, 입가에 미소가 절로 밴다. 악동 같은 눈망울과 장난기어린 미소의 이 엽기적인 꼬마 과학도가 친구들과 친해지기 위해 벌이는 좌충우돌 사건들을 보면서, 우리 아이들도 '우정'을 배우고, '상상력'을 키우며, '차이'를 인정하는 성숙한 청소년으로 자라게 되기를 바란다.
　세상의 모든 어린이는 '타고난 과학자'다. 직접 만져 보거나 먹어 보지 않으면 안달하고, 마음대로 부수고 해부해 봐야 직성이 풀리는 엽기적인 실험 과학자, 나를 둘러싼 모든 것이 궁금하고,

　세상의 어떤 선입견으로부터도 자유로운 아마추어 과학자가 바로 아이들인 것이다. 돌이켜 보라. 우리들도 예전엔 조금씩 프래니가 아니었던가! 우리도 얼마나 프래니처럼 '엽기적인 방'과 '나만의 도시락'을 갖고 싶어 했던가!
　부디 세상의 모든 꼬마 과학자들이 그 왕성한 호기심과 놀라운 상상력을 잃지 말고, 훌륭한 과학자로 성장해 주길. 특히 상상력으로 가득 찬 '세상의 모든 아이들'이 엽기적이어도 좋으니 프래니처럼 창조적인 과학자가 되어 주길 간절히 바란다.
　우리 아이를 남들과 다르게 키우고 싶다면, 이 책을 펼쳐 보시길. 책장을 넘길 때마다 날마다 조금씩 성장하는 아이를 보게 될 것이다.

정재승(KAIST 바이오시스템학과 교수, 『정재승의 과학콘서트』 저자)

옮긴이의 말

프래니, 언제까지나 널 응원할게!

 어린이 여러분, 엽기 과학자 프래니가 돌아왔어요! 자신의 연구실에서 온갖 엽기적인 과학 실험을 하고 엽기 발명품을 만들어 내는 것으로도 모자라, 모두들 끔찍이 싫어하는 괴물까지 키우는 우리의 친구 프래니 말이에요!
 그런데 오랜만에 만난 프래니는 하나도 변하지 않았네요. 장난기 가득한 커다란 눈망울, 양 갈래로 질끈 묶은 자주색 꽁지머리, 좋아하는 엽기 과학 실험을 할 때마다 짓는 더없이 행복한 표정까지도요. 프래니는 오늘도 자신의 연구실에서 뚝딱뚝딱 갖가지 발명품을 만드느라 무척 바빠 보입니다.
 그런데 프래니는 어쩌다 엽기 과학자가 된 걸까요? 프래니가 벌이는 과학 실험들은 너무 엉뚱하고 괴상해서 툭하면 엄청난 소동이 벌어지지요. 착하고 순한 프래니의 조수 이고르마저도 고개를 절레절레 내저을 정도로요. 다른 친구들처럼 조용히 지내면 괴물들에 맞서 싸울 일도, 사랑하는 가족이나 친구들이 위험에 빠지는 일도 없을 텐데, 프래니는 왜 엽기 과학 실험을 멈추지 않는 걸까요?
 아마 엽기 과학자의 본능을 억누를 수 없기 때문일 거예요. 프래니는 때로는 실수하고 누군가를 곤란하게 만들지만, 아직

　세상에 없는 새로운 것들을 상상하고 직접 만들면서 조금씩 성장하고 세상을 배워 나간답니다. 무엇보다 자신 때문에 소동이 벌어지면 도망치지 않고 책임감 있게 해결하는 아주 멋진 모습과 따뜻한 마음, 긍정적인 정신력도 보여 주면서요.

　이렇게 끊임없이 노력하는 프래니라면 언젠가는 보다 살기 좋은 세상으로 만들어 줄 위대한 발명을 꼭 해낼 거라고 믿어요. 그래서 전 그런 프래니를 언제까지나 응원할 거랍니다. 여러분도 같이 응원해 줄 거죠?

옮긴이 **노은정**

엽기 과학자 프래니

박쥐와 거미를 좋아하고, 엽기적인 발명품을 만들어 내는
엽기 과학자 프래니의 좌충우돌 발명, 모험, 우정, 성장 이야기!

글·그림 짐 벤튼 | 옮김 박수현 외 | 값 각 권 12,000~13,000원

★ 뉴욕타임즈 베스트셀러 작가 ★ 국제독서학회, 미국 아동 권장 도서 ★ 골든덕 과학도서상 수상

01 거대한 도시락 괴물

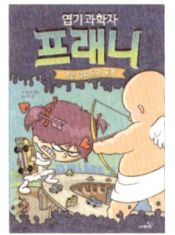
02 거인 큐피드의 공격

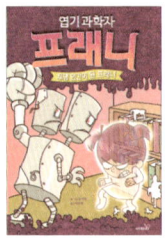
03 투명 인간이 된 프래니

04 타임머신 타고 시간 여행

05 지구 최후의 날 시한폭탄

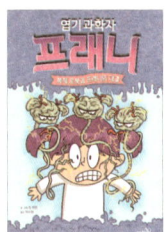
06 복제 로봇과 프래니의 대결

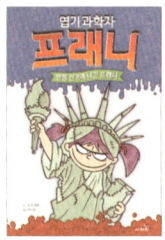
07 반장 선거에 나간 프래니

08 머리카락 괴물의 습격

09 재앙을 부르는 악마의 머핀

10 두꺼비 바이러스에 걸린 프래니

상상력과 창의력을 쑥쑥 길러 주는

엽기 과학자 프래니 게임북

프래니가 알려 주는 '프래니처럼 머리 좋아지는 비결' 대공개!
다양한 활동을 통해 과학 탐구력과 창의력, 집중력과 관찰력을 키워 보세요.

글·그림 짐 벤튼 | 값 각 권 8,000원

01 엽기 실험 따라잡기

상상을 초월하는 엽기 과학 실험, 화학식 퍼즐, 어휘력을 키우는 활동들과 깜찍한 캐릭터 카드가 담겨 있어요.

02 괴물 발명 따라잡기

오싹오싹 소름 돋는 괴물도 만들고, 머리가 좋아지는 암호도 풀고, 창의력을 키워 주는 이야기도 만들어 보세요.

03 괴짜 과학 따라잡기

프래니의 친구라면 꼭 도전해 보고 싶은 프래니 독서왕퀴즈를 풀어 보고 사랑스런 괴물 카드도 모으세요.

04 엉뚱 상상 따라잡기

어지러운 미로도 찾고, 난센스 퀴즈로 재치도 키우세요. 과학자에게 꼭 필요한 깜짝 실험 장치 카드도 들어 있어요.